AF462388

Conserver la couverture

RÉPONSE

AUX

HABITNS DU VILLAGE

DE

SAINT-PAUL-EN-CORNILLON.

Potiùs aliorum servire utilitati quàm proprio affectui. (*De Imitat. Christi*; *lib.* IV.)

Il faut consulter plutôt l'utilité de tous, que votre attrait particulier (*traduct. par* M. *l'abbé* F. *de la Mennais.*)

Juillet 1832.

IMP. D E D. SAURET.

RÉPONSE

AUX HABITANS DU VILLAGE

DE

ST.-PAUL-EN-CORNILLON.

Ce n'est pas sans éprouver un sentiment pénible, que les habitans de Cornillon, et de la majeure partie de la paroisse, se voient obligés de rentrer dans la lice ; ils pensaient que l'abandon par eux fait, d'une partie de leurs droits les mieux fondés, serait apprécié, comme il devait l'être, par les habitans de St.-Paul ; ils pensaient que leurs voisins apporteraient dans l'exécution du règlement archiépiscopal du 17 août dernier, toute la franchise et toute la loyauté qu'ils y auraient mises eux-mêmes : leur espoir a été deçu : une lutte provoquée par ceux-là même qui sont les plus intéressés à garder le silence, remet encore, pour ainsi dire, tout en question.

Pour colorer une attaque si peu rationnelle, les habitans du village de St.-Paul, ont commencé par prêter aux habitans de Cornillon, des intentions qu'ils n'ont jamais eues ; puis, enhardis sans doute par des conseils aussi maladroits qu'irréfléchis, ils ont fini par proclamer ouvertement qu'*ils se déclaraient* OPPOSÉS *à tous les projets des habitans de Cornillon* : Et cependant, quels sont ces projets ?... Le rétablissement, à Cornillon, d'un cimetière autorisé par le règlement dont il vient d'être parlé, qui y existait jadis ; et l'exécution franche de ce règlement...

On ne saurait se méprendre à l'esprit qui a dirigé cette attaque : le règlement archiépiscopal, vraie transaction entre des droits certains, qu'avaient les habitans de Cornillon, et une possession douteuse, et dans tous les cas provisionnelle, dont jouissaient depuis peu les habitans de St.-Paul, a été pour ceux-ci un coup d'autant plus foudroyant, que la sécurité dans laquelle ils étaient entretenus par quelques-uns des leurs, était loin de faire prévoir un pareil échec.

A peine remis de leur première stupeur, on les a vus, à l'envi les uns des autres, rechercher tous les moyens, ou plutôt toutes les ruses propres, sinon à amener dès à présent l'anéantissement complet du règlement, du moins à en rendre l'exécution presqu'illusoire.

Nous nous garderons de les suivre dans les routes ténébreuses qu'ils se sont frayées : notre défense sera plus loyale encore que leur attaque n'a été insidieuse.

Leur tactique n'étant plus pour nous maintenant un secret, nous cessons d'être étonnés qu'apropos de cimetière, ils aient touché à des questions tout-à-fait étrangères. Qu'on nous pardonne donc d'entrer dans quelques détails, dont nous nous serions volontiers abstenus, si le besoin de notre défense ne nous imposait le devoir de présenter cette affaire sous son véritable point de vue : nos adversaires ne veulent pas le règlement; ne nous serait-il pas permis à notre tour de ne le vouloir pas non plus?...

L'existence de l'église de Cornillon, sous le vocable de St-Marcel et de St.-Antoine, remonte comme celle du château de ce nom, aux tems les plus reculés; (1) le titre le plus ancien qui constate cette existence, n'est toutefois que du treizième siècle ; c'est l'acte des franchises et priviléges accordés aux habitans de Cornillon et de St.-Paul, par Guillaume, seigneur de Beaudiner et de Cornillon: Il est ainsi terminé: « Les présentes « lettres de franchises, ont été faites et jurées à « Cornillon, devant l'église de St.-Marcel, l'an « de notre Seigneur 1240, au mois d'octobre. »

Un grand nombre de titres postérieurs à cette

---

(1) Les notes d'une trop grande étendue, et quelques-unes des Pièces Justificatives, étant imprimées à la fin de cette *Réponse*, voir la note A.

date, font connaître que cette église était le siége de la paroisse; on se bornera à citer à l'appui :

1° L'acte de confirmation des priviléges et franchises ci-dessus, passé le 21 avril 1326, par Luce de Beaudiner, dame de Cornillon (2), en présence de messire Barthélemy, CURÉ *de Cornillon*.

2° Le testament de ladite dame de Cornillon, du 14 août 1307, publié le 10 novembre 1330, par lequel il est fait au CURÉ *de Cornillon*, un legs de cent sols de rente, à perpetuité, pour célébrer annuellement le jour de son décès, en son église, un anniversaire pour le repos de son ame. (3)

3° Un acte du 16 mars 1521, portant fondation de trois lampes, pour le luminaire de l'église *paroissiale* de Cornillon ; ecclesiæ *parrochialis* Beatorum Antonii et Marcelli, *loci Cornillionis*.

4° Plusieurs actes, reçus Granjon notaire, les 11 novembre 1537 ; 12 et 15 décembre 1539; 28 mai 1551, et 27 mai 1555, stipulant diverses fondations, en faveur de l'église de Cornillon, qui y est toujours qualifiée *d'église paroissiale*.

5° De vieux lambeaux d'un livre de notes tenues et signées par un sieur Brunet, chirurgien à Cornillon, indiquant que plusieurs enfans qu'il

---

(2) Luce de Beaudiner fonda une abbaye de religieuses, au lieu de Chazeaux, paroisse de Firmini, qui fut autorisée en 1332 par une bulle du Pape Jean XXII, et transférée à Lyon, en 1623.

(3) Ce testament et les deux actes de 1240 et de 1326 sont traduits en entier, dans le cartulaire de l'ancienne terre de Cornillon, que M. Bayon a bien voulu nous communiquer.

rens, en 1659 et années suivantes, ont été baptisés dans *l'église de Cornillon*, par Messire Vital Varaniet, CURÉ *dudit lieu*. (4)

6° Un acte de transport de créance « fait et « passé devant Me Delaroa, notaire royal, le 27 « février 1718, en présence de Messire Pierre « Mivière, docteur en théologie, prêtre et CURÉ « *de la paroisse de Cornillon*, et de François « Duvant, maçon et charpentier du lieu de St.-Paul, *paroisse dudit Cornillon*. »

7° L'acte d'acquisition *par les habitans tant du lieu et paroisse de Cornillon* que de St.-Paul-en-Cornillon, d'un presbytère au lieu de Cornillon, situé, est-il dit, entre *l'église paroissiale dudit Cornillon*, et la porte appelée des Chards. Cet acte, reçu Delaroa, notaire royal, le 13 mars 1718, a été passé au devant de la porte de *l'église paroissiale de Cornillon*.

8° Un acte du 18 octobre 1728, passé entre madame de Riverie et les habitans de la paroisse: à cette époque, les inhumations avaient lieu dans le terrain qui se trouve au devant de l'église de Cornillon: (voir Pièces Justif. B.) la proximité où était ce cimetière du château, ayant porté les Seigneurs à le faire transférer ailleurs, la baronne de Riverie et de Cornillon, fit par l'acte du 17 octobre

---

(4) Ces notes tenues avec beaucoup de régularité sont toutes terminées par ce vœu d'une touchante simplicité: *Dieu lui fasse la grâce d'être homme de bien: Dieu lui fasse la grâce d'être fille d'honneur. Amen.*

1728, un échange avec les paroissiens : les confins donnés à l'un des terrains échangés rappellent *l'église paroissiale de Cornillon.*

9° Une ordonnance rendue sur requête, le 8 mai 1734, par M. Baillard, lieutenant de la jurisdiction et baronnie de Cornillon, qui permet la vente du mobilier des enfans mineurs de Claude Chovin, à la charge de faire afficher lesdites requête et ordonnance, à la porte de *l'église de Cornillon, issue de messe de paroisse.*

10° Plusieurs sentences rendues en 1758 et 1765, tant contre Charles Aurelle que contre ses héritiers, résidans, est-il dit, *au bourg et paroisse de Cornillon.*

11° Enfin, le pouillé général des bénéfices du diocèse de Lyon; M. de la Mûre, auteur très-versé dans les antiquités de la province de Forez, dont il a écrit l'histoire civile et ecclésiastique, comprend l'église de Cornillon, dans ce catalogue : *in archipresbyteratu Jaresii, ecclesia de Curnilione, de Cornillon.*

Le curé Mivière desservait cette paroisse, dans le commencement du dix-huitième siècle.

La maison curiale de Cornillon, dont il avait, dès le 27 juillet 1723, reconnu le bon état, n'étant point à sa convenance, il établit sa résidence dans le village de St.-Paul, avec le projet d'y fixer le siége de la paroisse.

A St-Paul, existait une chapelle, derniers vestiges d'un ancien couvent de moines, réuni dès l'année 1435, au prieuré de Firmini : c'est cette chapelle, dont la voûte extrêment basse indique assez sa première destination, que le curé Mivière essaya d'ériger en église paroissiale : mais à peine on se fut aperçu de ce dessein, que les réclamations les plus vives furent adressées à l'archevêché : nous n'avons pu nous procurer toutes les ordonnances qui furent faites à cette occasion : il est néanmoins constant, et ce fait est établi par l'acte précité du 13 mars 1718, qu'elles n'étaient pas favorables aux innovations qu'on cherchait à introduire.

La discorde ne cessa, dès ce moment, de désoler cette paroisse ; l'autorité ecclésiastique, tout en reprouvant les prétentions du desservant, ne prit pas les mesures convenables ; il faut aussi l'avouer, le presbytère de Cornillon, quoique réparé tout récemment, était loin d'offrir alors comme aujourd'hui, une habitation commode : l'archevêque et son conseil tolérèrent donc provisoirement la résidence du curé à St.-Paul, ne soupçonnant pas tout ce que cette concession pourrait avoir de facheux par la suite.

Il n'est pas inutile de faire remarquer ici, en passant, que la maison habitée à St.-Paul par les curés, n'a jamais appartenu à la paroisse ; ils l'ont d'abord occupée comme locataires, et ensuite pendant environ quinze ans, en qualité de propriétaires ; aujourd'hui même, cette maison appartient à des particuliers du village de St.-Paul, et le prix du loyer a eté pendant long-tems porté aux budgets des deux communes. (voir Pièces Justif. c).

Parmi les ordonnances de l'archevêché auxquelles ces innovations donnèrent lieu, celle du 20 octobre 1744 mérite d'être rappelée ; on y lit que « les registres de baptêmes, mariages et en-
« terremens seront tenus en l'église paroissiale
« de St-Antoine de Cornillon; que l'ostensoir
« qui est à St-Paul de Cornillon, *annexe*, ainsi
« que la cuvette des fonts baptismaux, seront
« remis dans l'église paroissiale de St-Antoine de
« Cornillon, attendu qu'ils appartiennent à cette
« église, etc., etc. » (voir Pièces Justif. D).

M. Mivière étant décédé en 1748, M. Sapin qui desservit la paroisse pendant les trois années suivantes, voulut aussi sous plusieurs prétextes, se soustraire aux ordonnances diocésaines; mais l'archevêché, par sa décision du 3 janvier 1751, réprima ces nouvelles infractions à ses ordres.

M. Sapin s'étant retiré par suite de ces déboires, le curé Charret appelé à lui succéder, continua de marcher sur les mêmes traces que ses deux prédécesseurs.

M. Grimod de Bénéon, baron de Riverie et de Cornillon, fatigué des plaintes sans cesse renaissantes des habitans de sa juridiction, résolut de mettre enfin, s'il était possible, un terme à ces tristes débats.

En lui, M. Charret trouva le plus ferme comme le plus loyal adversaire; force lui fut donc d'accepter les propositions conciliantes qui lui furent faites, au nom des paroissiens : un arrangement fut conclu et signé par M. de Riverie et M. Charret, le 11 juin 1763. Il porte que « les offices « seront rétablis à l'alternative dans les deux « églises, et les fêtes solennelles à Cornillon, se- « lon les ordonnances de nos seigneurs les arche- « vêques ; qu'on enterrera à Cornillon ceux qui « le désireront, et M. le curé fera bénir le ci- « metière proposé, aussitôt qu'il le pourra ; qu'il « sera fait (pour parvenir à l'église) une entrée « indépendante du château ; que M. le curé pro- « mettra de remettre l'union entre tout le « monde, et en conséquence on oubliera tout le « passé de part et d'autre » (v. Pièces Justif. E).

Ces conventions rendirent un peu à cette paroisse, le calme et la tranquillité dont elle jouissait avant les entreprises qu'on vient de signaler : elles furent au surplus religieusement observées par tous les curés qui se succédèrent depuis cette époque : toutefois le passage projeté n'était pas encore ouvert, et les formalités pour le nouveau cimetière n'étaient pas non plus terminées, lorsqu'arriva la première révolution de France....

Après le rétablissement du culte catholique par suite du concordat de 1801, les nouveaux curés nommés à ce poste, se conformèrent, comme les anciens, au réglement souscrit par M. Charret; le service curial et paroissial fut donc continué dans l'une et l'autre église, bien qu'alors il n'y eut pas de vicaire comme auparavant : c'est ce qui est attesté par M. Constant, ancien vicaire et curé de St-Paul et Cornillon, décédé depuis peu de tems à Trelins : « Je soussigné, certifie que

« j'ai desservi, comme vicaire, la paroisse de
« St-Paul-en-Cornillon pendant sept ans avant
« la révolution de France, et pendant six mois,
« comme desservant, après le rétablissement du
« culte catholique, et que pendant tous ces tems
« j'allais dire la messe et faire *le service de la pa-*
« *roisse*, les dimanches et fêtes alternativement
« à l'église de Cornillon, que l'on regardait
« comme celle de St-Paul, appartenir au service
« de cette paroisse.

« Ce 20 novembre 1822, *signé*, CONSTANT,
« curé de Trelins. »

Des difficultés survenues entre les habitans du lieu et le propriétaire du château, relatives à l'ouverture du passage dont il a été parlé, firent tout-à-coup cesser cet etat de choses : plusieurs années s'écoulèrent en contestations pendant lesquelles la porte de l'église resta fermée ; circonstance qui n'eut d'autre résultat, que de laisser croire aux habitans du village de St-Paul que désormais elle ne serait jamais rouverte.

Pendant ce temps, l'autorité ecclésiastique et l'autorité administrative furent tour-à-tour et à plusieurs reprises vivement sollicitées pour rétablir l'exercice du culte à Cornillon; mais les démarches faites à cette occasion demeurèrent sans succès, parce que St-Paul, qui ne pouvait s'accoutumer à l'idée d'un changement quelconque, travaillait sourdement à en paralyser l'effet. Il en fut de même de l'accommodement projeté pour le nouveau passage ; toutes les tentatives, échouèrent par suite des combinaisons qui furent mises en jeu.

Enfin la vérité se fit jour en 1824, et les difficultés qui avaient fait suspendre l'ouverture du nouveau passage, et empêché la restauration de l'église de Cornillon, cessèrent aussitôt.

Les paroissieus, accoutumés depuis assez longtems, à la privation de tout service religieux à Cornillon, n'eurent d'abord que des prétentions fort modeste : ils se bornèrent en effet à demander à l'archevêché, un vicaire, dont ils éprouvaient le besoin, pour la célébration de la messe dans leur église.

Leur supplique, rédigée dans les termes les plus conciliaus, éprouva de la part du maire de la commune de St-Paul et Cornillon, dont la résidence était à St-Paul, la plus forte apposition. Agissait-il de son propre mouvement, ou n'était-il que poussé par un tiers, dont ce changement pouvait contrarier les habitudes ? C'est ce sur quoi nous nous abstiendrons pour le moment de nous expliquer.

Espérant peu, par suite de cette opposition et de la pénurie de sujets dans laquelle on se trouvait encore, d'obtenir un vicaire, les deux tiers environ des habitans de la paroise (5) se décidèrent à

(5) La paroisse se compose de la réunion des communes de St-Paul et Cornillon, et de Çaloire; ce n'est cependant que depuis 1817, que le hameau du Pinet, de cette dernière commune, en a fait partie ; il dépendait auparavant de la paroisse de St-Maurice en Gourgois, ainsi que le hameau de la Roche.

demander l'état de chose qui avait existé de tems immémorial jusqu'à la fin du dix-septième siècle, le rétablissement à Cornillon du siége de la paroisse.

Ils étaient fondés dans leur demande : le village de Cornillon est plus considérable que celui de St-Paul: sa position est beaucoup plus centrale que celle de St-Paul et par conséquent plus à portée de toute la population; l'église de Cornillon est plus vaste, mieux décorée que celle de St-Paul, qui n'est qu'un composé de diverses petites chapelles successivement ajoutées pour son agrandissement; le clocher de Cornillon, d'une structure remarquable, dans lequel se trouve une grande horloge, et une grosse cloche (6), peut être vu et la cloche entendue de tous les points de la paroisse, avantage dont est privé le clocher de St-Paul, relégué dans le fond d'un vallon resserré; enfin le presbytère reconstruit par le concours spontané de toute la population, ne présente plus, comme autrefois un étroit et triste réduit, mais une habitation vaste, commode, bien dis-

---

Les habitans du Pinet sont libres aujourd'hui de suivre les offices à St-Maurice: indifférens dès-lors, sur le succès de cette démarche, ils n'y ont pris aucune part non plus que quelques-uns des habitans de la Rochel, des Brayes et de Font-clause qui, par des motifs d'intérêts particuliers, ont cru devoir garder le silence, ou même agir en faveur de St-Paul.

(6) La sonnerie de Cornillon était composée avant la première révolution de France de quatre cloches du plus beau timbre, dont celle qui a été conservée pèse beaucoup plus que les deux ensemble de St-Paul.

tribuée, l'une des plus agréables peut-être de tout le diocèse, tandis qu'à St-Paul, la maison habitée par le desservant n'appartient point à la paroisse, et qu'en outre, elle est malsaine de toute manière, et insuffisante pour sa destination.

Tous ces faits, vrais, ne pouvaient qu'assurer un plein succès aux démarches des paroissiens : mais il fallait les faire connaître à l'autorité et produire les preuves : une instruction fut en conséquence commencée par les ordres d'un fonctionnaire juste et consciencieux, M. le baron de Chaulieu, alors préfet de la Loire.

Pour procéder à cette instruction, le concours des deux communes était utile, souvent même indispensable : le sieur Garonaire, maire de la commune de St-Paul et Cornillon, qui résidait ainsi que nous l'avons dit, dans le village de St-Paul, ayant résolu d'empêcher l'effet de la demande des paroissiens, n'opposa qu'une force d'inertie à leurs plus actives mesures : ce parti était le plus sûr : les habitans de St-Paul n'avaient aucun bon moyen à faire valoir ; il était donc plus prudent pour eux de laisser les réclamans s'user dans des lenteurs sans fin (7). Cependant ils se trom-

---

(7) M. Bayon, chargé des opérations prescrites par M. le préfet, s'occupant de remplir la mission qu'il avait reçue, ne put jamais, malgré ses invitations réitérées, obtenir du Maire, qu'il concourût au nouveau recensement de la paroisse. « j'ai l'honneur de répondre « à vos deux lettres, lui écrivait celui-ci, le 10 avril « 1827, que les travaux pressans, ne me permettent pas

paient grandement, s'ils pensaient jeter le découragement dans le cœur des habitans de Cornillon et des autres paroissiens : quand on est fort de son bon droit, la constance est une vertu, qui finit toujours par triompher. Cornillon ne désespéra pas d'obtenir justice ; et s'il ne put émettre dès le principe, comme Çaloire (8), son vœu par les voies légales, l'enquête qui fut faite à cette occasion, prouva qu'une immense majorité

« de me rendre à votre invitation, qui *ne me paraît pas* « *nécessaire* surtout dans ce moment », cette lettre écrite de la main de M. Ferlay, curé, est signée GARONAIRE, MAIRE.

Une autrefois, il s'agissait de convoquer les membres du Conseil municipal dont la réunion était autorisée par M. le Préfet : le Maire répondit aux instances qu'on fesait à cet égard auprès de lui, depuis plusieurs mois, « qu'il lui était impossible de le réunir dans le moment » où il en était prié ; qu'il fallait attendre la semaine suivante : » au bout de la huitaine, pressé de nouveau de faire cette convocation, il écrivait une autre lettre ainsi conçue : « Monsieur Bayon, d'aprés les lois, pour » ce qui est de Cornillon, ce n'est pas de ma compé- » tence ni du Conseil municipal, ça regarde Monsei- » gneur l'archevêque et la fabrique de St.-Paul, » signé GARONNAIRE. Cette lettre n'est pas de la même écriture que celle du 10 avril 1827.

Aucuns prétendent que c'est l'épouse du Maire qui l'a écrite, peut être même signée,... du consentement, sans doute, de son mari.

(8) Voir la délibération de Çaloire, pièce justificative (F).

était prononcée en faveur du transfert du siége de la paroisse.

L'instruction touchait à sa fin, l'administration de la Loire allait prendre des mesures énergiques pour forcer le maire à réunir son conseil municipal, dont sept membres sur dix ne cessaient de demander la convocation, lorsque ce fonctionnaire fut remplacé....

Nous entrons maintenant dans une autre série de faits.

Le nouveau maire, jaloux de ramener l'union parmi ses administrés, pensa qu'il parviendrait, peut-être, à concilier toutes les opinions, s'il sollicitait et obtenait de l'archevêché un vicaire et le rétablissement de l'alternat dans les deux églises : il crut devoir communiquer cette idée à M. le desservant, qui, sans s'expliquer d'une manière ouverte, ne parut cependant pas d'abord la repousser : dans quel sens a-t-il agi depuis ce moment? Nous l'ignorons : mais si l'on doit juger du passé par ce qui a lieu aujourd'hui, on ne saurait douter que son avis et ses démarches n'aient été très-défavorables à cette demande; il avait un intérêt particulier à ce qu'elle ne fut pas accueillie. Que les habitans de St-Paul ne viennent pas non plus faire parade dans leurs écrits de l'appui qu'ils auraient prêté à cette demande (9);

(9) En 1823 la demande d'un vicaire fut appuyée par les habitans de St-Paul, mais ce n'était que pure grimace de leur part, et dans le but d'obtenir du conseil municipal

nous sommes en position de prouver qu'ils ont fait tous leurs efforts pour la faire rejeter; et si depuis, ils ont promis de contribuer aux frais d'entretien de M. le vicaire, il ne faut pas leur en savoir gré ; alors en effet, la décision archiépiscopale était connue d'eux, et ils n'avaient pas d'espoir de la faire réformer.

Quoiqu'il en soit, un réglement délibéré en conseil diocésain, le 17 août 1831, a fixé les droits de chaque église :

« Le chef-lieu de la paroisse sera à St-Paul ; il « est néanmoins libre au curé de résider à St-« Paul ou à Cornillon; lorsqu'il y aura deux « prêtres (et l'archevêché promet d'y envoyer un « vicaire, tant qu'il sera pourvu à son traitement,) « tous les dimanches et fêtes d'obligations, une « messe sera célébrée dans l'église de St-Paul et « l'autre dans l'église de Cornillon; la grande « messe et les vêpres seront chantées alternati-« vement dans les deux églises : les autres jours « de la semaine, il y aura, autant que faire se « pourra, deux ou trois messes à Cornillon : les « cathéchismes s'y feront après vêpres comme à « St.-Paul: quand il y aura un *cimetière à Cor-« nillon*, les sépultures et offices y seront faits, à

---

l'allocation d'une somme nécessaire à la construction d'un petit bâtiment, que M. le curé réclamait pour les aisances de son habitation. Cette somme une fois votée, ils ont agi dans un sens contraire.

« la demande des paroissiens : M. le Curé ne re-
« fusera pas d'y conférer le baptême, mais alors
« seulement qu'il y aura des fonts baptis-
« maux, etc. »

Les paroissiens se sont mis en devoir d'exécuter ce règlement : en conséquence, et le 26 décembre 1831, le Conseil municipal de St.-Paul et Cornillon s'est réuni pour délibérer sur l'emplacement du nouveau cimetière : tous les membres, quoiqu'en puissent dire nos adversaires, ont été convoqués, et tous, à l'exception de celui qui réside à St.-Paul, s'y sont exactement rendus : cette absence n'a rien au surplus qui doive étonner, puisque dès le 23 du même mois, St.-Paul se récriait amèrement sur la suppression de l'ancien cimetière, à laquelle personne n'avait songé, et croyait devoir protester contre une délibération qui n'existait pas : quelle contenance aurait faite dans cette assemblée, l'un des auteurs ou des signataires de cette protestation?..

Les motifs exposés par le Conseil sont simples : le cimetière de St.-Paul, placé au milieu du village de ce nom, est contigu à plusieurs habitations; l'espace qu'il occupe n'est que d'environ 200 mètres carrés; un trop grand nombre d'inhumations, dans une telle position, ne peut présenter que de graves inconvéniens, dans le cas surtout d'invasion d'une épidémie quelconque. D'autres motifs ne sont pas moins plausibles ; Cornillon est au centre de la paroisse, du moins sur un point beaucoup plus rapproché de la partie nord-est, qui comprend presque tous les hameaux; autrefois, et cela ne remonte pas à une époque reculée, ainsi que nous l'avons déjà dit, les sépultures se fesaient à Cornillon; enfin le règlement archiépiscopal du 17 août dernier, autorisait le rétablissement d'un cimetière à Cornillon: les démarches de l'autorité municipale n'avaient donc rien que de légal et de bien naturel.

Avant d'aller plus loin, consignons ici un fait qui n'est pas sans importance.

La population de Çaloire et celle de Cornillon sympathisent ensemble depuis long-tems; et cela se conçoit aisément, puisque dans la question qui nous occupe, elles ont toujours eu un commun intérêt.

Les habitans de St.-Paul qui, bien qu'ils n'aient pas lu les œuvres du publiciste Florentin (10), n'en suivent pas moins les principes, ont fait et font encore tous leurs efforts, pour détruire cette heureuse harmonie. Il n'est bruits invraisemblables, contes absurdes, suppositions perfides, promesses fallacieuses, qui ne soient mis en usage pour détacher Çaloire de Cornillon; et nous dirons même que ce n'est pas sans surprise, qu'on a vu des personnes, dont on voudra bien nous permettre de taire les noms, parcourir cette commune, comme des agens d'élection, pour y accréditer ces mensonges.

Un maire du voisinage fait des tentatives pour

(10) Le Machiavelisme est antérieur à Machiavel, a dit spirituellement, son compatriote, M. Galéani Napione.

obtenir la réunion de Çaloire à son territoire ; eh bien ! suivant ces colporteurs de nouvelles, c'est Cornillon qui a suggéré cette idée aux autorités de St.-Maurice-en-Gourgois, afin de forcer par-là les habitans de Çaloire, à demander leur adjonction à la commune de St.-Paul et Cornillon (11).

Un cimetière, autorisé par le Conseil diocésain, qui existait autrefois à Cornillon, y est rétabli : « les habitans de Cornillon, dit St.-Paul, touchent sans pudeur à l'objet de vos plus chères affections; ils veulent faire interdire le cimetière, dans lequel repose la cendre de ceux que vous avez si tendrement chéris, et que vous ne pourrez plus arroser de vos larmes. Des feux, disent les uns, apparaissent toutes les nuits, sur la colline au pied de laquelle ils veulent ensevelir vos morts : gardez-vous bien, disent les autres, de vous laisser porter dans ce nouveau cimetière ; tant qu'il n'y aura pas sept élus inhumés les uns à côté des autres, les cadavres se lèveront toutes les nuits de leur tombe, dès que minuit sonnera, pour danser la ronde du sabbat. »

Et c'est par ces pitoyables moyens et par une foule d'autres, plus pitoyables encore, que St.-Paul espère obtenir la défection des Çaloiriens? non, ces basses et honteuses menées doivent rester sans succès : les habitans de Çaloire ont toujours mon-

(11) Cornillon pense aujourd'hui, comme il y a quinze ans, lorsqu'on lui proposa cette adjonction, qu'il est de l'intérêt des deux communes de rester séparées.

tré trop de tact et de bon sens, pour tomber dans le piége grossier qu'on leur tend : aussi devons-nous dire à leur louange, que si quelques-uns d'entr'eux se sont laissé prendre à ces discours trompeurs, c'est le plus petit nombre, ceux uniquement, qui sans caractère, comme sans énergie, sont entraînés par les promesses ou les menaces de quiconque ne craint pas d'employer ces armes déloyales.

Ils repousseront donc avec mépris, lescraintes chimériques qu'on cherche à leur inspirer sur des dépenses énormes faites ou à faire au presbytère, au clocher ou àl'église de Cornillon; dépenses dont, suivant nos officieux voisins, on doit demander bientôt le remboursement à toute la paroisse. Qu'ils sachent, les habitans de St.-Paul, que si des réparations ont été faites à Cornillon, Çaloire y a contribué avec autant d'empressement que les autres paroissiens, et que des mains généreuses ont puissamment co-opéré à l'acquittement d'une partie des dépenses : qu'ils sachent, les habitans de St.-Paul, que si des réparations sont encore jugées utiles, on trouvera dans les dispositions testamentaires de Mlle de Chazellet (12), de quoi

---

(12) Le legs fait par Mlle de Chazellet peut être évalué à onze ou douze cent francs : « le susdit legs, est-il dit, » dans le testament, sera exigible dans le cas seulement, » où l'église de Cornillon sera rouverte, dans dix ans de » mon décès ou plutôt, pour l'exercice public du culte, si » non cette somme totale, qui ne pourra être employée

faire face aux nouvelles dépenses, sans qu'il soit besoin de rien demander aux Çaloiriens.

LES FAITS que nous venons de raconter, presque tous appuyés sur des pièces authentiques, qui sont en notre pouvoir, ont déjà, sans doute, porté une vive lumière dans les esprits; leur seul exposé est la réfutation la plus complète des assertions mensongères, dont on ne cesse depuis long tems de fatiguer les oreilles des paroissiens, des Autorités, et de tous les prêtres du diocése : notre Réponse aux habitans du village de St.-Paul, pourrait donc à la rigueur se terminer ici: nous ne croyons cependant pas pouvoir nous dispenser, de jeter un coup d'œil rapide sur les deux espèces de mémoires adressés par St.-Paul, à M. le Préfet et à M. le sous-Préfet, le 23 décembre et le 3 mars dernier, et de refuter une partie des faussetés qu'ils renferment. (13)

Tout à fait hostile envers Cornillon, St.-Paul s'y montre avec tous les moyens bons et mauvais,

---

» autrement, appartiendra à mon petit neveu, Henri » Boudinhon, le plus jeune des enfans de M. Eugène » Boudinhon. »

(13) Nous aurions désiré faire imprimer ici en entier ces deux écrits; leur lecture aurait sans doute mieux fait connaître l'esprit dans lequel ils sont composés; mais les bornes que nous avons assignées à cette Réponse, nous force à abandonner cette idée. Nous ferons toutefois en sorte d'en donner un extrait, à la suite des pièces justificatives.

qu'il a puisés dans sa fabrique; non seulement, il y développe son opposition au rétablissement d'un cimetière à Cornillon, mais il s'efforce encore par toutes sortes d'insinuations et de mensonges, à démolir les fondemens sur lesquels repose l'alternat paroissial.

Et d'abord, on avance dans ces deux factums, avec l'accent de la vérité, que *le conseil municipal de St. Paul et Cornillon, composé de membres TOUS domiciliés à Cornillon, ne peut être l'expression des vœux de la population.*

De neuf membres qui constituent le conseil municipal, trois seulement, dont l'un est originaire de St.-Paul, résident à Cornillon; deux, aux Girards; un, au Fumant; un, à St.-Paul; un, qui est en même-tems adjoint, à Pauchet; enfin, le neuvième est un conseiller Forain, qu'on leur permettra de considérer, s'ils veulent, comme résidant à Cornillon: trois ou quatre membres sur neuf, ne sont pas TOUS les membres; ce n'est pas même la moitié.

En se mettant sous les yeux le plan de la paroisse, il sera facile de se convaincre que *toutes* les parties de la commune de St.Paul et Cornillon, sont représentées au conseil municipal, et que les délibérations de ce conseil ne peuvent être que l'expression des vœux de la population.

Qu'on juge par cette première assertion, répétée avec tant d'affectation dans l'un et l'autre mémoire, qu'on juge de la véracité de nos adversaires, et qu'on nous dise s'ils peuvent être bons garans de la vérité des faits qu'ils rapportent.

Ab uno disce omnes.

« Qu'un seul fait vous apprenne à les connaître tous. »

Sont-ils plus dignes de foi, lorsqu'ils osent écrire que l'*église de Cornillon est devenue sous une nouvelle administration, la source des plus tristes divisions*, et insinuer par ce langage imposteur, que ces divisions ne datent que des démarches faites par le nouveau maire ?... à les en croire, tout le monde était content de ce que M. Mivière avait fait, il y a plus d'un siècle; tout le monde voit avec plaisir ce que fait encore à son exemple, M. Ferlay; tout le monde, pour les gens de St-Paul, ce sont eux et rien qu'eux : écoutez-les : *il était pourtant si naturel que* NOUS *jouissions* TOUT SEULS ; quel langage ? NOUS...., TOUT SEULS !... C'est bien là, le *moi* haïssable, le moi de l'égoïste (14). Si nous eussions voulu les peindre d'un seul trait, aurions-nous jamais pu trouver des couleurs plus vraies, des expressions plus énergiques que celles qui sont sorties de leur bouche : *il était pourtant si naturel que* NOUS *jouissions* TOUT SEULS !...

Il n'est que trop vrai que le mécontentement règne dans la paroisse, mais il ne date pas de quelques jours, de quelques mois, de quelques années ; il remonte à l'époque, où l'ordre de choses

(14) Le MOI est haïssable. a dit Pascal.

qui pouvait seul convenir aux paroissiens, fût changé par un seul et dans l'intérêt d'un seul, sans s'inquiéter du trouble et de la confusion que ce changement ne pouvait manquer d'entraîner à sa suite.

Depuis long-tems Cornillon, et les autres paroissiens se sont plaints d'avoir été dépouillés de leurs droits, qu'une possession de plusieurs siècles, appuyée sur les convenances du plus grand nombre, semblait avoir rendus sacrés : les ordonnances de l'archevêché de 1717, 1718, 1744, 1751, et l'acte sous seing-privé précité, du 11 juin 1763, le font assez connaître : depuis le concordat de 1801, le conseil diocésain a été obligé de s'occuper fréquemment de cette paroisse, et il n'est pas d'administrateur de la préfecture ou de la sous-préfecture qui, depuis 25 ou 28 ans, n'ait eu aussi l'oreille plus ou moins souvent frappée des mêmes plaintes.

Poursuivons :

Cornillon, disent nos adversaires, *fait des démarches sérieuses pour faire interdire le cimetière de St-Paul*; *une enquète a eu lieu pour le faire supprimer*: il y a dans cette assertion autant de faussetés que de mots, et nous défions St-Paul de prouver ce qu'il ose avancer ici avec tant de témérité : oui, nous le déclarons hautement, en face de toute la paroisse, jamais nous n'avons agi pour faire supprimer le cimetière de St-Paul, ni n'avons eu l'intention de solliciter cette suppression.

Nous avouons cependant que ce cimetière, dans le cas où celui de Cornillon ne serait pas maintenu, est beaucoup trop petit pour toute la paroisse, et qu'un trop grand nombre d'inhumations pourrait le rendre d'autant plus insalubre, qu'il touche à des habitations : c'est pour avoir habité la maison qu'occupe encore aujourd'hui M. le Curé, que son prédécesseur, M. Gayte, est mort dans un âge peu avancé : la pièce du rez-de-chaussée, servant à la fois de chambre à coucher et de salle à manger, est adossée au cimetière, et l'humidité qui pénètre par les infiltrations, ainsi que l'odeur cadavereuse qu'on respire en y entrant, rendent le séjour de cette salle aussi dangereux que désagréable.

Un habitant, dont la maison joint aussi le cimetière, a eu la douleur de perdre, il y a quelques années, en moins de dix jours, son épouse, et l'un de ses fils âgé de vingt-cinq ans; un second fils n'a échappé que par miracle, à la même époque, au fléau qui venait de porter la désolation dans cette famille. On ne saurait attribuer ces maladies et ces décès, à d'autres causes qu'à celles du voisinage immédiat d'un cimetière insuffisant, pour les inhumations des deux communes.

Mais, si nos adversaires nous ont presque toujours prêté un langage que nous n'avons pas tenu, ou des pensées que nous n'avons pas eues, nous confessons avec franchise avoir dit que *les habitans de Çaloire*, (ceux des hameaux réunis à St-Maurice exceptés), *ne peuvent aller à St-Paul qu'en passant par Cornillon* : et nous ajouterons qu'ils ont presque demi-heure de chemin de plus à faire pour arriver à l'église de St-Paul.

qu'ils n'en auraient pour assister aux offices à Cornillon : nous le prouvons.

Deux bacs à traille autorisés, sont établis dans les communes de Çaloire, et de St-Paul et Cornillon : le bac de Baret, tout proche de St-Paul, et le bac de la Mûre, qui est au-dessous de Cornillon; plusieurs batelets intermédiaires servent à l'exploitation des fonds ou à la pêche.

Aux termes de l'article 9 de la loi du 6 frimaire, an 7, *les propriétaires de ces batelets ne peuvent établir de passage à heure ni lieu fixes.*

Nous savons néanmoins qu'un sieur Berthet, depuis 20 ou 24 ans au plus, passe tous les jours de fêtes et les dimanches, à heure et lieu fixes, dans son batelet, quelques-uns des paroissiens de Çaloire, qui vont aux offices à St-Paul; mais nous savons aussi qu'à raison de ce fait, il a été traduit en 1822, devant le tribunal de police correctionnelle; et qu'une décision préfectorale, du 11 septembre 1829, interdit formellement ce passage, comme pouvant exposer la vie des passagers, et ne servant, d'ailleurs, à aucune communication générale.

Le gouvernement, propriétaire des divers passages sur les fleuves et rivières navigables, ne les tolère qu'aux seuls points où ils sont réclamés par l'intérêt d'une communication générale; car s'il fallait permettre tous ceux qu'il plairait au caprice de chaque commune de demander, leur trop grand nombre ne pourrait manquer de nuire essentiellement à ceux dont l'utilité est reconnue ; or, le passage dont il est question, ne sert qu'aux seuls habitans de Çaloire, lorsqu'ils vont aux offices à St-Paul, les fêtes et les dimanches : personne, absolument personne autre, n'en fait usage.

Il n'existe, en effet, aucun chemin pour aboutir au point où le passage est établi, et les abords en sont très-difficiles : les habitans descendent par les sentiers de desserte des propriétés, jusqu'à la Loire, presqu'en face de la *Roche-Fourchue*, d'où ils remontent ensuite le long du fleuve ; ensorte que pendant les hautes eaux, ils sont obligés de traverser les vignobles qui sont sur cette rive, ou d'exposer leur vie en se tenant sur les berges mêmes. M. l'Ingénieur des Ponts-et-Chaussées, Michal, chargé en 1829, de faire à l'administration départementale, un rapport sur ce passage, dont on réclamait depuis environ 12 ans, la régularisation, ne pût s'empêcher de déclarer qu'il ne pouvait y avoir lieu à l'autoriser ; ce fut en conséquence de ce rapport, que M. le Préfet prit l'arrêté du 11 septembre 1829, qui vient d'être cité. (15).

(15) Il paraît que dans la réclamation faite pour obtenir l'autorisation de ce passage, il a été posé en fait que *dans l'hiver, le fermier du bac de Baret ne pouvait passer la Loire qu'en ce seul point* ; c'est une erreur dans laquelle on a cherché à faire tomber l'autorité ; erreur qui se détruit au surplus par la seule inspection des lieux. Il n'existe, sur la rive gauche, non plus que sur la rive droite du fleuve, entre le bac de Baret et cet endroit, aucune espèce de communication possible

La loi du 6 frimaire, an 7, en prohibant ces sortes de passages, a eu principalement en vue la sûreté des individus : de pareils bacs ne pouvant être facilement surveillés, il arrive souvent que leurs agrès et ustensiles sont en très-mauvais état, et dans le cas de compromettre la vie des passagers : que d'exemples n'a-t-on pas d'accidens arrivés particulièrement dans ces sortes de passages? Pour ne citer que des faits qui appartiennent à cette contrée, toute la paroisse de St-Paul et Cornillon ne frémit-elle pas encore, au souvenir de la terrible catastrophe, qui faillit, en 1826, coûter la vie à trois jeunes gens qui traversaient la Loire, près de St-Paul, sous la conduite du sieur Ferlay, neveu, et qui, sans le dévouement de Louis Colly accouru à leurs cris déchirans, eussent infailliblement perdu la vie?

Plus récemment, d'autres évènemens semblables n'ont-ils pas manqué faire périr, au même lieu, non pas trois ou quatre individus, mais plus de douze à quinze personnes qui, se rendant aux offices à St-Paul, avaient eu l'imprudence, d'entrer en trop grand nombre, dans un bateau en mauvais état, ou de s'exposer au moment de la crue du fleuve!...,. le premier fait est avéré: Louis Colly a obtenu, pour prix de son dévouement,

---

à pied ou à cheval : c'est donc à tort qu'il a été figuré un chemin, sur la rive gauche de la Loire, dans le plan de la commune de Çaloire, dressé par St-Maurice-en-Gourgois.

une recompense du Roi : les autres accidens sont moins connus, mais il n'en existent pas moins et peuvent être facilement établis par une enquête.

Les habitans de Çaloire, moins imprudens aujourd'hui, n'hésitent pas à passer par la Mûre, pour profiter du bac à traille, toutes les fois que les eaux de la Loire sont trop élevées; ils n'ont pas d'autre passage, celui du bac de Baret se trouvant dans une position inabordable pour eux.

S'il est vrai, comme cela ne saurait être révoqué en doute, que les habitans de Çaloire soient obligés, pour arriver à St-Paul, de passer par la Mûre, pourra-t-on nier que l'église et un cimetière ne soient mieux placés à Cornillon qu'à St-Paul; il faudrait se refuser à l'évidence, pour soutenir le contraire.

Que les habitans de St-Paul ne s'imaginent pas que le sort de leur cause deviendrait meilleur, quand même nous abandonnerions ces moyens, tout décisifs qu'ils sont dans cette discussion..... Non, Cornillon aurait encore en sa faveur le bénéfice des distances.

Nous avons eu sous les yeux, le plan géométral de la commune de Çaloire, sur lequel les hameaux, les chemins et sentiers sont rapportés, et il nous a été facile de nous convaincre que ces hameaux sont tous à une bien moindre distance de Cornillon, (en passant par la Mûre ou par Pauchet,) que de St-Paul, en traversant même la Loire, au passage Berthet. Nos adversaires, au reste, n'osent plus nier entièrement ce fait; *l'église de St-Paul*, disent-ils aujourd'hui, *est placée à* **PEU PRÈS** *aussi bien au centre ;* autrefois, ils soutenaient *que St-Paul était* PLUS *central que Cornillon.*

Bientôt, sans doute, ils finiront par comprendre la vérité, et conviendront des faits qu'ils nient aujourd'hui.

Qu'ils accumulent au surplus, tant qu'ils voudront faussetés sur faussetés, pour décrier l'église de Cornillon et ses *abords* prétendus *désagréables et incommodes* : qu'ils ajoutent que *cette église est froide, meurtrière, et que c'est vouloir la mort que d'y demeurer une ou deux heures ;* on ne verra, dans ces allégations, que de pitoyables moyens, inventés en désespoir de cause, qui ne sauraient prévaloir auprès de gens raisonnables et désinteressés.

L'église de Cornillon, plus vaste que celle de St-Paul, possède cinq autels garnis chacun d'une pierre consacrée : elle se fait particulièrement remarquer par les riches boiseries, le beau Christ, les grandes statues et les tableaux dont elle est ornée, et surtout par une croix d'argent massif, dont la forme peu commune atteste l'antiquité(16); pourvue d'un mobilier considérable et de tous les vases sacrés nécessaires au service paroissial, il est peu d'églises rurales qui puissent lui être comparées, sous tous ces rapports : le clocher qu'on aperçoit de presque tous les points de la paroisse, jouit par-là même d'un avantage immense, que n'a pas celui de St-Paul, dont la cloche ne peut

(16) Voir Pièces Justific. G.

être entendue par le plus grand nombre des paroissiens, et notamment par ceux de Çaloire. Ne soyons donc pas étonnés des efforts de nos adversaires, pour ravaler l'église de Cornillon, qu'ils nous envient; pour la transformer en un séjour meurtrier, quand au contraire il est certain qu'elle est beaucoup plus saine que celle de St-Paul, entourée de toutes parts de cadavres.

Il est vrai que pour arriver au perron, on est obligé de monter plusieurs marches, mais la pente n'est ni escarpée ni incommode, comme on n'a pas craint de le dire : et d'ailleurs, combien d'églises dans notre diocèse, dont les abords sont loin d'être aussi faciles! nous pouvons en citer deux, dans notre voisinage, celles de Chambles et de St-Bonnet-le-Château, auxquelles on ne parvient que par un escalier rapide et malaisé.

Que si à tous les avantages que nous avons signalés en faveur de Cornillon, nous ajoutons celui d'un presbytère, vaste, commode et bien distribué, il demeurera, ce nous semble, démontré pour tout homme impartial, qu'il mérite sous tous les rapports, la préférence qu'il avait obtenue dès l'origine, et qu'on lui conteste si mal-à-propos aujourd'hui.

Le gouvernement d'une paroisse n'est pas institué pour l'avantage de quelques-uns, mais pour celui du plus grand nombre; le siége de la paroisse à Cornillon, est le bien propre du plus grand nombre, le principe de tranquillité de tous; c'est donc contre l'intérêt de tous, que St- Paul agit directement, en renversant ce principe : nos adversaires savent comme nous, que la violation qui en a été faite, a été de tous tems pour la paroisse une source de divisions, et que son rétablissement seul pourrait les faire cesser; ils le savent; pourquoi donc persistent-ils dans leur système funeste ? Cet état de choses, nous le disons, ne peut durer, parce qu'il rend impossible le retour de l'union et de la paix; il ne peut durer, parce que les moyens même qu'on emploie pour le soutenir, en précipitent le dénouement.

Dirigés par un esprit de conciliation, dont on ne nous a pas su gré, nous avions consenti à laisser reposer des droits incontestables, imprescriptibles : un règlement avait été en conséquence, sur notre demande même, délibéré dans le conseil diocésain : ce règlement reçu, accepté avec joie, semblait devoir mettre le passé dans l'oubli : ceux-là même qui le croyaient trop favorable à St-Paul, avaient fini par se rendre à nos observations : nous commencions à jouir de ses bienfaits, lorsque tout-à-coup une opposition irréfléchie est venue dissiper notre illusion.

Pourquoi faut-il que la résistance soit partie de là même, d'où l'on devait attendre le silence et la soumission : nous ne voulons pas retracer ici tous les griefs dont le poids oppresse notre cœur; qu'on sache, du moins, que nous n'ignorons aucune des menées qui ont eu lieu, et que, si nous y sommes forcés, nous les dévoilerons avec la même fermeté, que nous avons toujours mise dans cette affaire.

En résumé :

L'église de Cornillon existait en 1240.

Le siége de la paroisse n'a jamais été à St-Paul, avant le concordat de 1801 ; et ce n'est que vers la fin du dix-septième siècle, ou dans le commencement du dix-huitième, que des tentatives ont été faites pour changer l'ancien état de choses, celui qui était à la convenance du plus grand nombre.

De tous tems, ces tentatives imprudentes ont excité les plaintes et les réclamations des paroissiens.

Cornillon, situé plus au centre que St-Paul, l'est conséquemment d'une manière plus favorable, pour le service de la paroisse.

C'est à Cornillon que les curés *résidaient de toute ancienneté*. (*Acte du* 13 *mars*, 1718.

Il n'y a jamais eu, à St-Paul, de presbytère appartenant à la paroisse :

A Cornillon, il en existait un, à l'acquisition duquel les habitans de toutes les parties de la paroisse, même ceux de St-Paul, ont contribué: ce presbytère est aujourd'hui vaste, commode et agréable.

Les inhumations se fesaient à Cornillon avant le dix-huitième siècle; ce n'est que vers cette époque environ, qu'on a cessé d'y enterrer.

La demande du rétablissement d'un cimetière à Cornillon, est fondée sur les convenances et la commodité des paroissiens.

Les habitans du village de St-Paul, en s'opposant sans raison, ainsi qu'il l'ont fait, au rétablissement de ce cimetière, autorisé par le règlement archiépiscopal du 17 août 1831, ont manifesté par-là, de la manière la moins équivoque, leur intention de se soustraire à l'exécution de ce règlement, le plutôt qu'ils pourront.

Leur opposition ne repose que sur des assertions fausses; elle ne saurait être prise en considération.

Le mensonge et l'astuce ont été jusqu'à présent les armes favorites, les seules armes, des habitans du village de St-Paul: un second mémoire mettra au jour, si le cas y échoit, tous les faits dont les habitans de Cornillon sont en droit de se plaindre, de la part de leur voisins ou du moins de quelques-uns d'entre-eux.

NOTES
ET PIÈCES JUSTIFICATIVES.

(A). Baronnie de Cornillon.

La terre de Cornillon, seconde Baronnie du Forez, était une des plus anciennes seigneuries de cette province, avec un château fort, situé sur la rive droite de la Loire; propriété des seigneurs de Beaudiner avant le onzième siècle, ensuite des seigneurs de Laire, elle passa vers le milieu du seizième siècle, dans la famille de Levis, par le mariage de Suzanne de Laire, avec Gilbert de Levis, duc de Vantadour, conseiller du Roi en son conseil privé, et son lieutenant-général en haut et bas Limousin; vendue ensuite au marquis de Nérestang, dont les biens furent discutés en 1677, Jean-Jacques Jacquier, écuyer, en fit l'acquisition à cette époque; il mourut le 26 juin 1724, dans le château de Cornillon, et son corps fut déposé dans le caveau destiné à la sépulture des seigneurs, au-dessous de la chapelle, située au midi de l'église de Cornillon, laquelle chapelle lui appartenait; il avait institué pour son héritière universelle, sa sœur, Françoise Jacquier, veuve de Jean-Claude Grimod de Bénéon, baron de Riverie, dont la famille l'a possédée jusqu'en 1788, époque à laquelle M. Clément Palle en fit l'acquisition, pour la revendre bientôt après.

Il parait, d'après un arrêt du parlement de Paris, rapporté par le jurisconsulte Henrys, (tom. 1er, liv. 3, chap. 3, question 35.) que vers le milieu du dix-septième siècle, la terre de Cornillon, avait appartenu à un sieur Jean du Fay. Le cartulaire de cette baronnie ne fait aucunement mention d'un seigneur de ce nom.

Le village de Cornillon, plus considérable autrefois qu'il ne l'est maintenant, a toujours été le siége de la paroisse; et cela se conçoit sans peine, puisque les seigneurs y résidaient alors une partie de l'année, et qu'il était habité par une nombreuse bourgeoisie : St-Paul n'était qu'un hameau presqu'inabordable, dans lequel s'était établi un couvent de moines, que son peu d'importance fit unir en 1435 au prieuré de Firmini, qui le fut lui-même en 1681, au séminaire de St-Irénée.

(B). Cimetière.

Nous Victor François Eugène Boudinhon, maire de la commune de St-Paul et Cornillon, et François Piat, adjoint de ladite commune, instruits que des ossemens humains avaient été trouvés, il y a peu d'années, dans le terrain qui est au-devant de l'eglise de Cornillon, avons fait appeler par devant nous, les individus qui pouvaient nous donner quelques renseignemens sur ce fait Mathieu Guichard, Claude et Jean Bayon, dits Bilon. et Antoine Béal, domiciliés à Cornillon, nous ont déclaré qu'ils ont aidé, il y a environ six ou sept ans, à ouvrir le nouveau passage pratiqué pour arriver à l'église, et qu'en creusant à côté de la petite tour de l'escalier du clocher, ils onttrouvé un grand nombre d'ossemens humains; qu'ils en avertirent aussitôt M. Bayon, qui les fit recueillir avec soin, et déposer dans le caveau de la chapelle du chateau. Maurice Sapin ajoute qu'il y a environ vingt-six ou vingt-sept ans, il fut chargé conjointement avec Claude Bayon dit Bilon, par M. Bayon père, de défoncer le terrain au-devant de l'église, pour y faire une plantation, et qu'ils trouvèrent beaucoup d'ossemens humains dont ils déposèrent les debris, dans le caveau de la chapelle du château.

M. Amand Bayon, juge au tribunal civil de St-Étienne, déclare que les faits ci-dessus sont à sa connaissance; qu'ils sont vrais, et tels qu'ils viennent d'être rapportés.

François Peyronnet déclare qu'il ne connait que par ouï-dire les faits dont il vient d'être parlé; mais que son père décédé, il y a environ quinze ou seize ans, dans un âge très-avancé, lui a souvent raconté qu'il n'y avait pas long-tems qu'on enterrait à St-Paul; qu'il avait vu enlever dans le cimetière au-devant de l'église de Cornillon, plusieurs voitures de terre et d'ossemens qu'on transporta à St-Paul; que Mme de Riverie, ayant eu fraveur un soir, qu'elle sortait de l'église, elle ne voulut pas qu'on enterrat plus long-tems dans cet endroit, et qu'elle donna un autre terrain en échange; mais que ce terrain n'étant pas convenable, les inhumations furent toutes faites depuis ce moment à St-Paul: que c'était le seigneur qui avait fait construire à St-Paul la chapelle de Ste Magdelaine sur les murs de laquelle on découvre encore les vestiges des armes du chateau.

Nous avons à l'instant dressé le procès-verbal de ces déclarations, que nous avons signé avec M. Bayon, non les autres déclarans, pour ne le savoir faire, cejourd'hui, 18 mars 1832.

Signés, Boudinhon, Bayon, Piat.

(C). Presbytère.

(c) Un édit du Roi de 1695, ayant enjoint, (art. 12) aux habitans des paroisses, de fournir un logement convenable aux curés, les habitans de la paroisse de Cornillon, au nombre de plus de 50, parmi lesquels figurent 23 propriétaires, habitans du village de St-Paul et des hameaux qui forment aujourd'hui la commune de Caloire, pour se conformer à cet édit et à l'ordonnance de Monseigneur l'Archevêque de Lyon, du 2 septembre 1717, constituèrent à la date du 13 mars 1718, une rente de quinze livres, en faveur de M. J. J. Jacquier, seigneur de Cornillon, pour la remise qu'il leur fit d'une maison et dépendances, tout proche de l'église de Cornillon, pour servir de résidence à M. Pierre Mivière, curé et à ses successeurs, *comme y a été*, est-il dit dans l'acte, *de toute ancienneté*: le seigneur avait acheté cette maison, le 23 août 1694, de Nicolle Chapellan. Par cette acquisition le domaine utile avait été réuni au domaine direct, et par la revente faite aux habitans, ceux-ci ne devaient aucun servis, parce que la réimposition n'était pas expresse et formelle : le seigneur ayant fait par le contrat du 13 mars 1718, réserve du Milod, à chaque mutation de curé, la rente de 15 livres créée par ce contrat se trouve entachée de féodalité, et est comme telle, anéantie par la législation actuelle.

Il n'y a jamais eu de presbytère à St-Paul ; la maison qu'occupe M. le desservant, appartient aux sieurs Jean Garonnaire, Claude Dupuy, aux héritiers de Marcellin Colly et Pierre Garonnaire, suivant la vente qui leur en a été faite par feu M. Louis Calemard, ancien curé de la paroisse, par acte du 30 août 1810, reçu Ducreux, notaire à St-Martin en haut, au prix de huit cent francs, le vendeur se réservant les arrérages de loyer échus du passé jusqu'au jour de la vente.

M. Calemard avait acheté cette maison, au prix de 2,000 livres, par acte reçu Daucelle, notaire à Usson, le 6 mai 1781, de la sœur de M. Charret, ancien curé, qui l'avait lui-même acquise le 10 octobre 1767, de M. Jean Prud'homme et demoiselle Buffet son épouse, par acte reçu Rousset, notaire.

En 1816 ou 1817, les nouveaux propriétaires de cette maison formèrent une demande de 3 à 400 francs environ pour le montant des loyers échus, indépendamment de 60 francs pour chaque année, à l'avenir. A dater de cette époque, les deux communes ont porté sur leur budget, pour cet objet, une somme de 50 francs, dont la commune de St-Paul et Cornillon payait encore 35 francs pour sa part, en 1829, ainsi qu'il appert du certificat ci-dessous :

« Nous sous-Préfet de St-Étienne, certifions que le budget de « la commune de St-Paul-en-Cornillon art. 17 du titre 2, porte « une allocation de dépense de *trente-cinq francs*, pour loyer des « bâtimens et dépendances, servant au logement de M. le Curé, « ladite commune *n'ayant pas de presbytère lui appartenant.* « St-Etienne le 30 juin 1829, *signé* : le comte de Rochefort. »

Les derniers termes de ce certificat, extraits du budget rédigé par le sieur Jean Garonnaire, alors maire, ne sont point exacts, en ce sens que la commune possédait réellement un presbytère au bourg de Cornillon.

(D). Ordonnances archiépiscopales.

L'an 1744 et le 20 octobre, nous Nicolas de Bouillet, chanoine de l'église, comte de Lyon, vicaire-général de son éminence Monseigneur le cardinal de Tencin, ministre d'état, archevêque de Lyon, fesant notre visite dans l'église paroissiale de St-Antoine de Cornillon, avons ordonné :

1° Que le St Ciboire sera doré; qu'il y sera fourni pareillement, sans délai, une pixide ou porte-dieu d'argent doré en dedans.

2° Qu'il sera choisi incessamment une place convenable pour un cimetière, et qu'après l'avoir fait clore de manière que les bestiaux n'y puissent pas entrer, on se pourvoira par-devant un de MM. les archiprêtres, pour en faire la visite et le bénir, s'il l'a trouvé dans un état convenable et décent.

3° Que la chapelle sous le vocable de St-Antoine, sera ornée et mise dans un état décent, et qu'il soit enchassé dans l'autel une pierre sainte.

4° Que tous les titres qui sont entre les mains du sieur Curé, seront communiqués à Mme de Riverie, dame de Cornillon, ou qu'il lui en sera fourni copie.

5° Que les fonds baptismaux seront fournis d'un bassin, d'une boîte pour les saintes Huiles et d'une autre pour le saint Crême, et généralement pourvus de tout ce qui peut être nécessaire.

6° Qu'il sera fourni incessamment deux missels, l'un Romain, l'autre Lyonnais.

7° Que les registres des baptêmes, mariages et enterremens seront tenus en l'église paroissiale de St-Antoine-de-Cornillon.

8° Que les deux bancs qui sont au-dessous de celui du Seigneur, vis-à-vis la chaire, seront publics au profit de la fabrique

9° Que les 30 livres que paye Mme de Riverie, seront mises chaque année, entre les mains des marguillers, pour entretenir, selon l'intention du fondateur, l'huile de la lampe, et le surplus, s'il y en a, demeurera au profit de la fabrique.

10° Que l'ostensoir qui est à St-Paul-de-Cornillon, annexe, sera remis dans l'église de Cornillon.

Donné les jour et an que dessus, à St-Antoine de Cornillon.

Signé, Du Bouillet, comte de Lyon, vicaire-général.

L'an 1744 et le 20 octobre, nous Nicolas du Bouillet, etc.... fesant nos visites dans l'église de St-Paul-de-Cornillon, annexe de l'église paroisiale de St-Antoine-de-Cornillon, avons ordonné :

1° Après nous être transporté dans ladite église et avoir visité les vases sacrés, que nous avons trouvés en un très-bon état ; avoir examiné les linges destinés au service divin, ainsi que les ornemens, fonts baptismaux, livres, cimetière, confessionnaux, murs de l'église, chapelles, sacristie, avons trouvé le tout en si mauvais état et à un point d'indécence si marqué, que nous n'avons pû nous dispenser d'interdire ladite annexe, jusqu'à ce que nous ayons été informés par nos archiprêtres, qu'elle eut été mise dans un état convenable et fournie généralement de tout ce qui est nécessaire pour le service divin.

2° Attendu que l'ostensoir qui est dans ladite annexe, ainsi que la cuvette des fonts baptismaux, appartient à l'église paroissiale de St-Antoine-de-Cornillon, ordonnons qu'il soit incessamment transféré.

3° Qu'il sera incessamment pourvu, tant par la dame de Cornillon que par les habitans, au logement pour le vicaire, afin qu'il puisse habiter dans l'église paroissiale de St-Antoine-de-Cornillon, si mieux n'aime ladite dame, abandonner au sieur vicaire la maison qu'elle avait vendue ci-devant aux habitans, pour servir de logement aux sieurs Curé et vicaire, sauf à la dite dame à en gratifier les habitans, si elle le trouve à propros, ou d'en tirer le loyer.

Donné les jour et an que dessus, à St-Paul-de-Cornillon, annexe. *Signé*, Du Bouillet.

L'an 1745 et 31 mai, après midi, Je, Etienne Vouta, huissiers audiencier, en la sénechaussée de St-Etienne, certifie et rapporte qu'à la requête de M. Nicolas Du Bouillet, chanoine, etc., j'ai signifié lesdites deux ordonnances à M. Mivière, prêtre et curé de ladite paroisse, a ce qu'il ait à s'y conformer, aux peines de droit, en parlant à sa personne trouvée en son domicile, audit lieu de Cornillon, à qui j'ai laissé copie, tant desdites deux ordonnances que du présent exploit.

Approuvé le 31 mai *Signé* : VOUTA.

Est écrit à la suite : collationné sur l'original présenté par Mme la baronne de Riverie et de Cornillon.

Signé; Jullien du Bessy, Subdélégué.

(E) Conventions entre le Seigneur de Cornillon, (au nom des paroissiens), et le Curé de la paroisse.

1° Que les offices soient rétablis à l'alternative dans les deux églises et les fêtes solennelles a Cornillon, selon les ordonnances de Messeigneurs les archevêques.

2° Le baron de Cornillon donne sa maison aux conditions ci-dessus, et de plus on enterrera à Cornillon ceux qui le désireront, ainsi que les autres sacremens qui y seront administrés à ceux qui s'y trouveront à portée.

3° M. le Curé fera bénir le cimetière proposé, aussitôt qu'il le pourra.

4° Le baron de Cornillon propose à M. le Curé et à la paroisse, de partager sa terrasse pour faire une place affectée à l'église et une entrée indépendante du château.

5° M. le Curé me promettra de remettre l'union entre tout le monde, et en conséquence on oubliera tout le passé de part et d'autre.

6° Chaque marguiller rendra ses comptes toutes les années, et on ne pourra rien emporter d'une église à l'autre, sans le consentement des deux fabriques.

7° M. le Curé se charge de faire diminuer la taxe pour la maison curiale de Cornillon.

Fait double, au chateau de Cornillon, le 11 juin mil sept cent soixante-trois, en présence de Guigonnet, avocat en parlement et juge de la baronnie dudit Cornillon, et de M. Prudhomme, négociant audit Cornillon.

Signé ; Charet curé, et Riverie.

(F) Délibération de la commune de Çaloire, en faveur du transfert du siége de la paroisse, à Cornillon.

L'an mil huit cent vingt-cinq et le sixième jour du mois de novembre, le conseil municipal de la commune de Çaloire-en-Cornillon, réuni au lieu ordinaire de ses séances, en vertu de l'autorisation spéciale de M. le Préfet, en date du sixième octobre dernier, sous la présidence de M. Antoine Gaillet, maire, où étaient MM. Pierre Davier, Antoine Déchandon, Benoit Bertholet, Pierre Glavenard, Antoine Noirie, Antoine Ravel le jeune et Antoine Triolier, tous membres du conseil municipal de ladite commune; M. le Maire a dit: « De toute ancienneté, les curés « et vicaires ont célébré les offices divins dans l'église de Cornillon, « qui était regardée comme le siége de la paroisse, St.-Paul n'étant « que l'annexe. Cet état de chose qui a duré jusqu'à la révolu- « tion, était fondé sur la plus grande commodité des habitans, « puisque Cornillon se trouve presque au centre de la paroisse, « tandis que St.-Paul est tout à fait dans son extrêmité. Depuis « le concordat de 1801, par suite des difficultés survenues entre « les paroissiens et M. Bayon, propriétaire du château de Cor- « nillon, dans la cour duquel on était obligé de passer pour par- « venir à l'Église, le service divin s'est presque toujours fait à « St.-Paul; mais aujourd'hui, qu'un nouveau passage, plus « commode que l'ancien, rendant l'avenue de l'église tout-à- « fait indépendante, vient d'être pratiqué d'un commun accord « avec M. Bayon, un grand nombre de paroissiens ont de- « mandé que l'ancien état des choses fût rétabli, et que le siége « de la paroisse fut transporté de St.-Paul à Cornillon; c'est « pour satisfaire à ce vœu, manifesté de toutes parts que j'ai « pensé qu'il convenait d'appeler votre attention et de pren- « dre votre avis sur ce changement. Je l'ai fait d'autant plus « volontiers que plus des deux tiers des habitans de la com- « mune de St.-Paul-en-Cornillon ont manifesté le même vœu. »

M. le Maire a déposé plusieurs pièces et titres authentiques à l'appui de ce qu'il vient de dire : sur quoi, après avoir mûrement délibéré et après avoir entendu la lecture du testament de dame Luce de Beaudiner, dame de Cornillon, fondatrice du couvent de Chazeau, en date du quatorze août 1307, qui contient un legs au profit du curé de Cornillon; de deux actes des 12 décembre 1539 et 28 mai 1551, portant reconnaissance de rentes en faveur de l'Eglise de St-Antoine-de-Cornillon, qui y est qualifiée de paroissiale; d'une transaction entre M. Jean Jacques Jacquier, Baron de Cornillon et les habitans de la paroisse, relatant une ordonnance de Monseigneur l'archevêque de Lyon, au sujet de la maison curiale dudit lieu de Cornillon, de laquelle il résulte que les curés de cette paroisse y ont résidé de toute ancienneté; enfin de deux ordonnances du 20 octobre 1744. émanées de l'archevêché, desquelles il résulte que l'église de Cornillon a été constamment le siége de la paroisse et que celle de St-Paul n'en était que l'annexe, le conseil à l'unanimité des voix, a été d'avis que le siége de la paroisse soit transféré à Cornillon, et que M. le Maire fasse toutes les démarches nécessaires pour l'obtenir: le conseil a été déterminé à deliberer de la sorte, par les motifs suivans:

Premièrement; l'église de Cornillon a de tous tems été le siége de la paroisse: non-seulement les titres ci-dessus rappelés l'établissent, mais on en trouve encore la preuve dans les anciens almanachs de la généralité de Lyon, et dans les cartes dites de Cassini, où St-Paul n'est indiqué que comme l'annexe de Cornillon.

Secondement; l'église de Cornillon est par sa position, à la portée du plus grand nombre des paroissiens; tandis que celle de St-Paul ne l'est pas; le seul hameau du Pinet et deux maisons isolées de la commune sont plus rapprochés de St-Paul que de Cornillon, mais les habitans de ce hameau qui a été tout récemment détaché de la paroisse de St-Maurice-en-Gourgois, ne vont presque jamais aux offices à St-Paul, et les habitans des autres hameaux ont moins de trajet à faire pour se rendre à Cornillon; et comme dans les crues de la Loire, ils trouvent plus de sûreté à passer le fleuve dans le bac à traille de la Mûre que dans les batelets dont ils se servent pour aller à St-Paul, (batelets que l'administration n'a point au surplus encore voulu autoriser malgré les réclamations qu'on a faites depuis près de dix ans,) il s'en suit qu'actuellement, dans les crues de la Loire, ils sont obligés de passer par Cornillon pour parvenir à St-Paul, qui en est distant de 25 minutes de marche.

Troisièmement; l'église de Cornillon est plus vaste que celle de St-Paul; elle est beaucoup plus belle et plus richement ornée, et se trouve pourvue de tout ce qui est nécessaire au service des offices paroissiens: d'ailleurs, les ornemens et autres objets mobiliers qui sont dans l'église de St-Paul, appartiennent à la fabrique, et peuvent sous ce rapport, être transportés à Cornillon en même-tems que le siége de la paroisse.

Quatrièmement; le presbytère de Cornillon, que le défaut de réparation avait considérablement dégradé et rendu inhabitable, est restauré dans le moment actuel et offrira bientôt un logement vaste et très-commode pour l'habitation du curé et d'un vicaire.

Cinquièmement enfin, le conseil a considéré que St-Paul se trouvant situé dans le fond d'un vallon, plus des trois quarts des habitans de Caloire ne peuvent entendre sonner les offices, tandis que le clocher de Cornillon étant placé à la vue de presque tous les hameaux, le même inconvénient n'existe pas.

Fait en mairie à Caloire les jours, mois et an que dessus, et ont signé ceux qui l'ont su faire : *Signés*, Davier; Déchandon; Rey, adjoint; Gaillet, maire.

Au moment où les membres du conseil allaient se séparer, plusieurs habitans les plus notables des divers hameaux de la commune, qui avaient appris que le conseil municipal devait se réunir aujourd'hui pour délibérer sur les affaires de la paroisse, ont demandé à être introduits; le conseil ayant pensé qu'il ne pouvait y avoir d'inconvénient à satisfaire à leur demande, les ci-après nommés sont comparus; Mathieu Chaize et Pierre Teyssot, du hameau de France; Gabriel Déchandon et Claude Montagnon, du hameau de Vareilles; Antoine Bayon et Triolier, du lieu des Braves; Jean-Claude Rey et Joseph Soulier, du lieu de Font-clause, Jean Déchandon le jeune, du lieu de Cursieu et Claude Triolier, de la Mûre.

Lesquels, après avoir entendu la lecture de la délibération ci-dessus et des pièces qu'elle mentionne, ont témoigné leur satisfaction de la délibération qui venait d'être prise; ils ont ajouté que le transport qu'on avait fait depuis peu, du siége de la paroisse à St-Paul, n'était nullement dans leurs intérêts, et qu'ils pensaient que lorsque les Autorités appelées à prononcer sur cette affaire, auraient pesé les raisons deduites dans la délibération ci-dessus, et pris en considération les autres motifs qui parlent en faveur du rétablissement de la cure à Cornillon, il ne pourrait y avoir de doute sur la décision qu'elles porteront : d'un côté, ce sont les quatre cinquièmes d'une population qui réclament contre l'autre cinquième, le changement du siége actuel de la paroisse, et qui demande à ce qu'il soit placé, ainsi que cela avait existé de toute ancienneté, plus à porté de tous, sur-tout des infirmes, des viellards, et des enfans, qu'un trop grand éloignement empèche souvent de se rendre aux instructions; d'un outre côté, ce sont les habitans d'un village de 175 à 180 ames qui luttent pour conserver le siége de la paroisse dans leur église, et assister aux offices sans sortir pour ainsi dire de leur maison, et qui ne s'inquiètent nullement de ce que le plus grand nombre des paroissiens sont actuellement obligés de parcourir un chemin de plus du double de longueur que celui qu'ils auraient à faire pour se rendre à l'église de Cornillon, pour assister aux offices.

Les nouvelles considérations qui viennent d'être présentées par les habitans de la commune, ayant paru aux membres du conseil d'une grande force, il a été arrêté qu'elles seraient consignées à la suite de la délibération de ce jour, et que le procès-verbal, en serait signé tant par les membres du conseil que par les habitans présens qui savent signer.

Fait en mairie les jour, mois et an que dessus et ont signé :

Chaize; Montagnon; Triolier; Teyssot; Triolier, Soulier; Déchandon; Davier; Déchandon; Rey, adjoint; Gaillet, maire.

(G)

Outre cette croix, dont le poids est de plus de six livres, (seulement en argent) et le clocher, remarquable par la hardiesse de sa structure, les amateurs d'antiquités admirent encore un lutrin à pivot, d'un beau travail; une chasuble et un devant d'autel en tissu, représentant divers sujets de la vie de N. S., et enfin, le portail de l'église, d'architecture gothique, dont l'ogive soulptée dans l'épaisseur du mur peut passer pour un chef d'œvre, dans ce genre.

POST-SCRIPTUM.

La force des choses ne peut manquer d'opérer incessamment le transport à Cornillon, du siège de la paroisse, disait peu de temps après le réglement du 17 août 1831, un personnage respectable, bien avisé sur cette affaire; et ce propos, qui découlait naturellement de la connaissance qu'il avait des hommes, tend tous les jours à se réaliser. Le réglement archiépiscopal peut-il convenir en effet à des hommes qui veulent tout pour eux et rien pour les autres; à des hommes qui osent écrire *qu'il est naturel qu'ils jouissent tout seuls*? Peut-on dès-lors trouver étonnant que de tels hommes s'emparent de tous les moyens de résistance possibles, et que par des conséquences forcées, qu'ils n'ont pas le bon sens de prévoir, ils amènent eux-même les choses à ce point, que les autorités ne sauraient reculer aujourd'hui devant le parti qu'elles ont depuis long-temps regardé comme seul capable de mettre fin à l'inquiétude et aux mécontentemens des habitans de cette localité. La preuve que le rétablissement du siège de la paroisse à Cornillon, est le seul moyen d'obtenir un résultat favorable, se trouve dans la division qui désole cette paroisse depuis environ 150 ans, c'est-à-dire depuis qu'on a changé l'état de choses, basé sur la convenance du plus grand nombre, qui avait existé de temps immémorial. (*)

On livre ces réfléxions à la méditation des personnes appelées à prononcer sur cette affaire; quelles en apprécient bien toutes les conséquences — Cornillon et la majorité de la paroisse ont voulu constamment ce qui

(*) Un personnage distingué autant par le rang qu'il occupe dans la société que par la justesse bien connue de son esprit, disait il y a peu de temps, que s'il était appelé à prononcer entre Saint-Paul et Cornillon, il ne serait pas long-temps indécis, et que sa décision, seule capable de rendre la paix à cette paroisse, aurait pour principal motif, l'impossibilité de maintenir un état de choses repoussé par l'expérience d'un siècle et demi.

devait être, le siége de la paroisse à Cornillon : Cornillon à transigé en 1831, et il voulait remplir de bonne foi ses engagemens : Saint-Paul à violé le contrat ; Cornillon remis par cette infraction flagrante, dans la même position où il était avant le réglement archiépiscopal, reprend ses droits, et d'après le vœu exprimé par presque tous les habitans, le conseil général de la commune à pris l'arrêté suivant, à l'unanimité :

Le 25 juin 1831, les opérations relatives au budget étant terminées, M. le Maire a dit que conformément aux désirs qui lui avaient été manifestés par un grand nombre de ses administrés, et notamment par ceux qui habitent les hameaux situés au nord, au levant et au midi du village de Cornillon, il avait demandé l'autorisation de réunir le conseil municipal pour délibérer sur les affaires de la paroisse ; que M. le Sous-Préfet par sa lettre du 15 courant l'avait autorisé a mettre cet objet en délibération dans la présente session extraordinaire ; qu'il invitait en conséquence le conseil à s'expliquer à cet égard. Aussitôt deux membres dudit conseil, habitans des hameaux du Fumant et des Girards, se sont levés, et ont dit qu'ils avaient toujours pensé que le désordre ne cesserait de régner dans la paroisse tant que les causes qui le produisent n'auraient pas disparu ; qu'il était conséquemment indispensable de rétablir les choses comme elles étaient anciennement, lorsque le chef-lieu de la paroisse se trouvait à Cornillon : qu'ils demandent donc que le conseil municipal délibère sur la question de savoir s'il ne convient pas de reprendre l'instruction et de continuer les formalités interrompues depuis environ deux ans, pour faire opérer le transport à Cornillon, du siège de la paroisse. M. le Maire a expliqué qu'en demandant au conseil diocésain l'alternat de service dans les deux églises, il avait eu l'espoir de satisfaire toute la commune, mais qu'il voyait bien aujoud'hui que les habitans du village de Saint-Paul, loin d'apprécier tout ce que ce parti avait de généreux, ne cherchaient au contraire qu'a rendre illusoires les dispositions du règlement archiépiscopal ; qu'ils avaient en effet non seulement formé opposition à l'exécution de ce règlement, en ce qui touche le cimetière de Cornillon, et cela sans motif, mais qu'ils refusaient encore de payer leur quote-part du traitement du vicaire : que plusieurs d'entr'eux avaient déclaré ouvertement, ainsi qu'il vient d'en acquérir la preuve, qu'ils empêcheraient que le service paroissial eût lieu dans l'eglise de Cornillon, l'année prochaine, en ne concourrant pas à l'avenir, au payement du traitement du vicaire, parceque, disaient-ils, le service paroissial n'est autorisé dans l'église de Cornillon, qu'alors qu'il y aura un second prêtre dans la paroisse, et que ce second prêtre ne doit être accordé par l'archevêque qu'autant que son traitement sera assuré. M. le Maire a ajouté qu'il regrette que Jean Dupuy, du lieu de St-Paul, membre du conseil, ne se soit pas présenté aujourd'hui à l'assemblée, malgré les invitations réitérées par écrit et de vive voix qui lui ont été faites de s'y rendre; il aurait pu faire connaître au conseil les intentions de ses voisins. Plusieurs autres membres ont pris la parole et appuyé la proposition qui vient d'être mise en délibération : jamais cette commune ne jouira de la paix dont elle est privée depuis si long-temps, ont-ils dit, tant que l'intérêt de la majorité de la population se trouvera ainsi sacrifié.

Le conseil, après avoir mûrement pesé toutes les raisons produites, a été unanimement d'avis que, d'après tout ce qui vient de se passer, il était de l'intérêt de la commune de faire transférer à Cornillon, le siège de la paroisse; qu'en conséquence M. les Maire et adjoint restaient chargés de faire dans le plus bref délai, toutes les démarches nécessaires pour arriver à ce résultat, tant auprès de l'autorité ecclésiastique que devant M. le Préfet et M. le Ministre des cultes, et qu'à cet effet, ils se feront remettre les titres, documens et correspondances, relatifs à cette affaire, pour continuer avec activité l'instruction déjà commencée, auprès de l'autorité administrative.

La présente délibération prise sous le présidence de M. Boudinhon, maire, à la qu'elle assistaient M. Amand Bayon, juge et président au tribunal civil de Saint-Étienne, Jean Garonaire, Claude Lyonnet neveu et Gabriel Perrin, propriétaires du village de Cornillon; Denis Massardier et Claude Chovin, du lieu des Girards, Joseph Duzauze, du lieu du Fumant François Piat, adjoint, du lieu de Pochet, tous membres du conseil municipal de la commune de Saint-Paul et Cornillon, a été signée conformément à la loi, par ceux qui l'ont su faire.

Signés au registre des délibérations, Bayon, Garonaire, Massardier, Chovin, Duzauze, Piat, et Boudinhon, maire.

Pour copie conforme : signé, Boudinhon, maire.

L'espace nous manque pour faire imprimer ici, même par extrait, ainsi que nous nous l'étions proposé, les mémoires de nos adversaires : nous terminerons donc par les observations suivantes, ce que nous avons à dire.

M. le Vicaire est dans la paroisse depuis la mi-septembre 1831, et à la fin du mois de juin dernier, Saint-Paul n'avait encore payé pour son traitement, malgré les invitations réitérées qui ont été faites, que 8 fr. 90. c. : le contingent de la commune est de 460 fr. 39 c., dont 114 fr. 9 c. seulement, sont à la charge de Saint-Paul.

Les habitans de Saint-Paul après avoir dit, dans leur premier factum qu'un vicaire était assez peu nécessaire pour une population de 5 à 600 âmes, écrivent ensuite, dans le second, qu'ils sont 500 individus contre 300 : la population de la paroisse se trouve donc augmentée tout-à-coup de 2 à 300 âmes ? La vérité n'est pas faite pour la bouche de ces gens-la.

La population de la commune de Saint-Paul et Cornillon est, d'après le dernier recensement officiel, de 592 individus : le village de Cornillon y figure pour 230 ; les hameaux pour 168 ; Saint-Paul pour 198, y compris le curé et les personnes de sa maison.

La population de Çaloire, non compris les hameaux tout récemment réunis à Saint-Maurice-en-Gourgois n'est, suivant un rapport adressé à M. le Préfet par M. Godefin, géomètre en chef du cadastre, que de 235 individus. Dans l'enquète qui a eu lieu en 1826, sur 38 votans de la commune de Çaloire, 23 se sont déclarés en faveur du rétablissement du siège de la paroisse à Cornillon ; 15 seulement ont voté pour Saint-Paul ; encore doit-on observer que parmi ces derniers, on en compte sept qui habitent les hameaux compris par le cadastre, dans la commune de Saint-Maurice, dont les habitans sont dans tous les cas, presque tous libres d'aller aux offices à Saint-Maurice.

On assure que des personnes intéressées au maintien du siége de la paroisse à Saint-Paul, ont conseillé aux habitans de Çaloire, de demander l'autorisation d'établir un batelet pour les passer. Ces personnes ignorent sans-doute que, si d'après la loi du 6 frimaire, an 7, on peut autoriser un particulier à avoir un bac ou batelet, ce ne peut-être que pour son seul usage, et sans l'employer à un passage commun : il faudrait dans ce cas, autant de batelets, qu'il y a de ménages à Çaloire. Aux termes de la loi précitée, l'établissement de ces batelets doit être autorisé par le Préfet, sur l'avis des administrations municipales, et confirmé par le gouvernement.

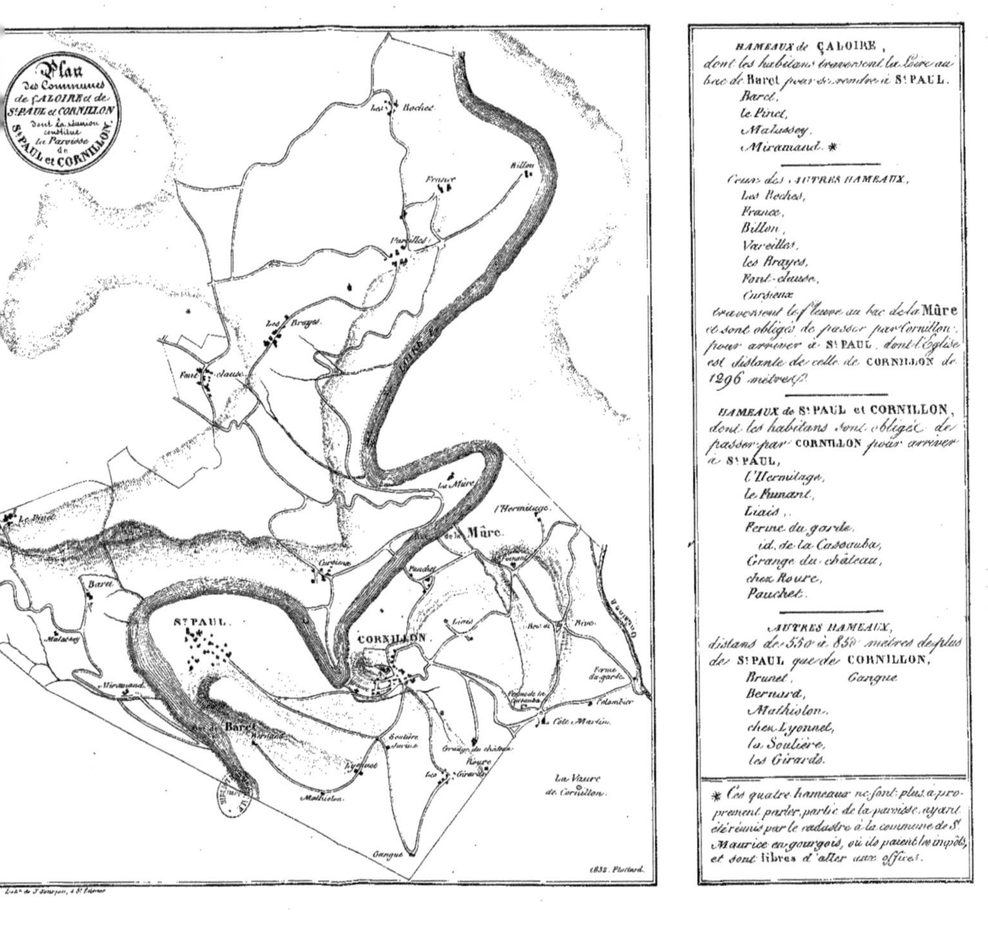
Plan
des Communes
de ÇALOIRE et de
St PAUL et CORNILLON
dont la réunion
constitue
la Paroisse
de
St PAUL et CORNILLON.
les Roches
France
Billon
Pareilles
Les Brayes
Font-clause
la Mûre
l'Hermitage
de la Mûre
Le Pinet
Curtieux
Pauchet
Baret
St PAUL.
CORNILLON.
Liais
Malassey
Miramand
Roure
Ferme du garde
Colombier
Côte Martin
Bac de Baret
Soulière
Lyonnet
Grange du château
Les Girards
Mathiolon
La Vaure de Cornillon.
Gangue
1832. Plottard.
HAMEAUX de ÇALOIRE,
dont les habitans traversent la Loire au bac de Baret pour se rendre à St PAUL.
Baret,
le Pinet,
Malassey,
Miramand. *
Ceux des AUTRES HAMEAUX,
Les Roches,
France,
Billon,
Vareilles,
les Brayes,
Font-clause,
Cursieux
traversent le fleuve au bac de la Mûre et sont obligés de passer par Cornillon, pour arriver à St PAUL, dont l'Église est distante de celle de CORNILLON de 1296 mètres.
HAMEAUX de St PAUL et CORNILLON,
dont les habitans sont obligés de passer par CORNILLON pour arriver à St PAUL,
l'Hermitage,
le Fumant,
Liais,
Ferme du garde,
id. de la Cassouba,
Grange du château,
chez Roure,
Pauchet.
AUTRES HAMEAUX,
distans de 550 à 850 mètres de plus de St PAUL que de CORNILLON,
Brunet,
Bernard,
Mathiolon,
chez Lyonnet,
la Soulière,
les Girards.
Gangue
* Ces quatre hameaux ne font plus, à proprement parler, partie de la paroisse, ayant été réunis par le cadastre à la commune de St Maurice en gourgois, où ils paient les impôts, et sont libres d'aller aux offices.

www.ingramcontent.com/pod-product-compliance
Ingram Content Group UK Ltd.
Pitfield, Milton Keynes, MK11 3LW, UK
UKHW021022200726
13857UKWH00004B/1537

9 782013 026185